Klasse 3/4

Cornelia Gutjahr

Keine Angst mehr vor Maßeinheiten

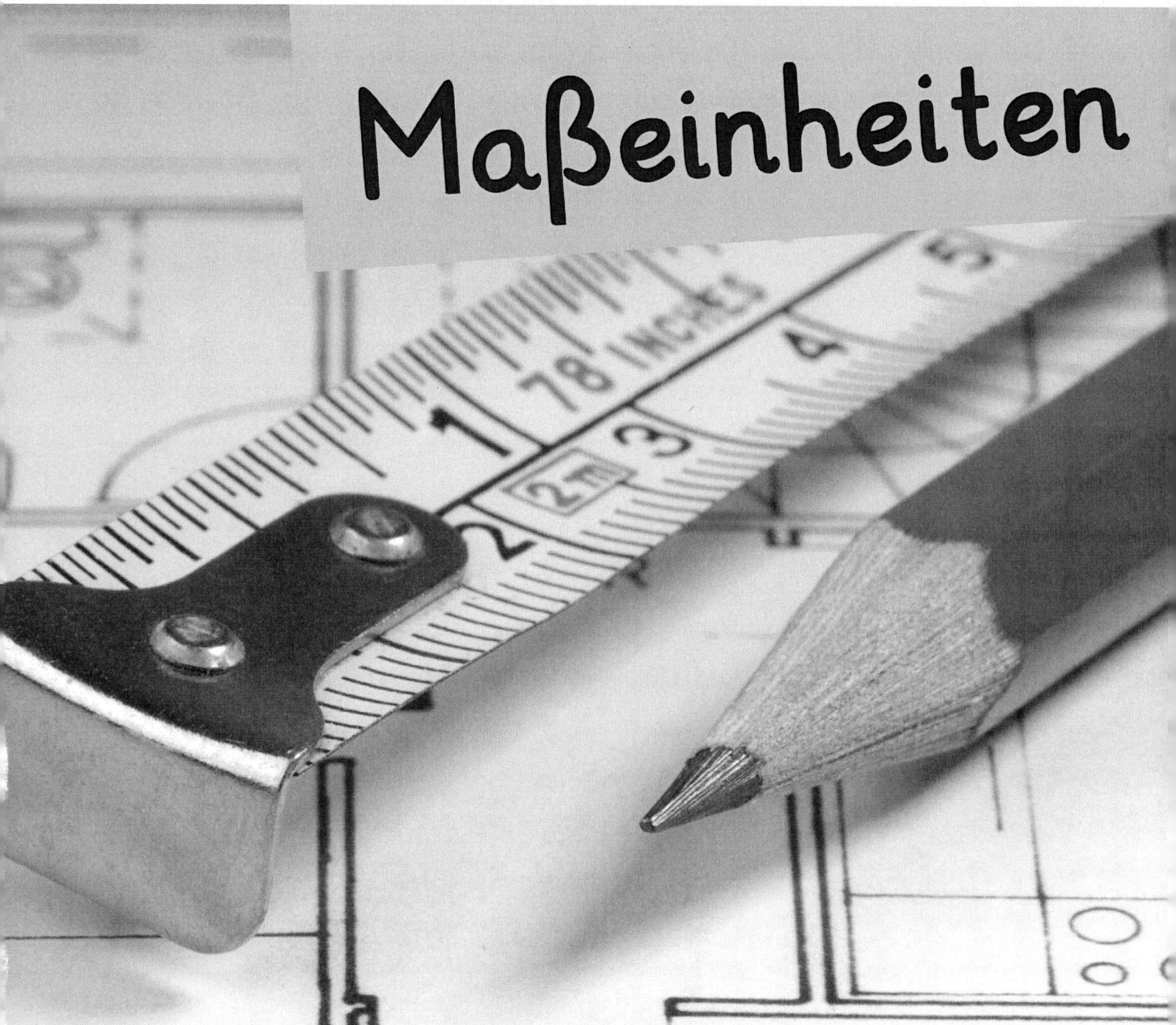

Maßeinheiten verstehen & umrechnen

... leicht und verständlich erklärt!

Keine Angst mehr vor Maßeinheiten
Klasse 3/4

3. Auflage 2026

Idee und Text: Cornelia Gutjahr
Coverbild: © demarco – AdobeStock.com
Redaktion: Kohl-Verlag
Grafik & Satz: Kohl-Verlag
Druck: Druckerei Flock, Köln

Bestell-Nr. 13 006

ISBN: 978-3-98841-031-3

Verwendete Schrift: *„Grundschrift" von Christian Urff, lizenziert unter CC-BY 3.0*

Bildquellen: © AdobeStock.com
S. 3-67: fotomerk; **S. 15-18:** Strichfiguren; **S. 22-27:** Strichfiguren; **S. 28:** art-gard; **S. 30:** Matthias Enter; **S. 39:** art-gard; **S. 42:** Strichfiguren; **S. 46:** Strichfiguren; **S. 50:** Strichfiguren; **S. 59:** Strichfiguren; **S. 60:** Strichfiguren; **S. 65:** MacroOne; **S. 66:** art-grad; **S. 67:** kirill_makarov; **S. 68-76:** Strichfiguren

Bildquellen: © Axel Gutjahr
S. 5-10; S. 35; S. 40; S. 47; S. 51; S. 52

Kontakt: Kohl-Verlag, An der Brennerei 37-45, 50170 Kerpen
Tel: +49 2275 331610, Mail: info@kohlverlag.de

Der vorliegende Band ist eine Print-Einzellizenz

Sie wollen unsere Kopiervorlagen auch digital nutzen? Kein Problem – fast das gesamte KOHL-Sortiment ist auch sofort als PDF-Download erhältlich! Wir haben verschiedene Lizenzmodelle zur Auswahl:

	Print-Version	PDF-Einzellizenz	PDF-Schullizenz	Kombipaket Print & PDF-Einzellizenz	Kombipaket Print & PDF-Schullizenz
Unbefristete Nutzung der Materialien	x	x	x	x	x
Vervielfältigung, Weitergabe und Einsatz der Materialien im eigenen Unterricht	x	x	x	x	x
Nutzung der Materialien durch alle Lehrkräfte des Kollegiums an der lizensierten Schule			x		x
Einstellen des Materials im Intranet oder Schulserver der Institution			x		x

Die erweiterten Lizenzmodelle zu diesem Titel sind jederzeit im Online-Shop unter www.kohlverlag.de erhältlich.

Inhalt

KOHL VERLAG Keine Angst mehr vor Maßeinheiten • Klasse 3/4 – Bestell-Nr. 13 006

Vorwort

Um sich Längen, Gewichte und Flächen vorzustellen, ist viel Abstraktionsvermögen erforderlich. Das vorliegende Buch hilft, die Schüler in leicht verständlicher Weise an diese Abstraktionen heranzuführen. Gleichzeitig lernen sie, wie man entsprechende Berechnungen durchführt.

Zahlreiche Vorlesetexte tragen dazu bei, den Stoff sowohl besser zu veranschaulichen als auch aufzulockern. Diese Texte erzählen von einer Familie, die sich ein Aquarium anschafft. Letzteres zieht sich wie ein „roter Faden" durch das gesamte Buch und dient zugleich als Praxisobjekt, an dem Berechnungen von Längen-, Gewichts- und Flächenmaßen erfolgen. Zusätzliche Rechenaufgaben tragen dazu bei, den Stoff zu festigen.

Großer Wert wurde auch darauf gelegt, den Schülern zu vermitteln, auf welchen Wortstämmen/Wortursprüngen die jeweiligen Maßeinheiten basieren. Dadurch finden die Schüler einen besseren Bezug zu diesen Einheiten. Außerdem werden sie allmählich in die Lage versetzt, auf Grundlage von bereits bekannten Wortstämmen/Wortursprüngen, selbstständig weitere Maßeinheiten inhaltlich zu erschließen. Damit motiviert man die Schüler nicht nur zum logischen Denken, sondern schafft durch das Lösen eines solchen Sachverhaltes Erfolgserlebnisse. Diese bewirken in vielen Fällen eine verstärkte Begeisterung für das Fach Mathematik.

Cornelia Gutjahr

Vorlesetext 1

Familie Trommler möchte ein Aquarium

Letzte Woche war Familie Trommler im Zoo gewesen. Den beiden Kindern, Felix und Miri, hatten die bunten Fische in den großen Aquarien besonders gut gefallen. Deshalb beschloss die Familie auf der Rückfahrt vom Zoo, sich selbst ein Aquarium anzuschaffen. Am nächsten Tag fuhren Herr Trommler und die beiden Kinder in den Baumarkt. In der Kleintierabteilung waren die unterschiedlichsten Aquarien ausgestellt. Große, mittelgroße, kleine und sogar sechseckige Modelle. „Das da ist ein sehr schönes Aquarium", sagte Miri und zeigte auf eins der großen Modelle. „Das finde ich auch gut. Wollen wir es kaufen?", fragte Felix und sah dabei den Vater und die Schwester an. Der Vater wollte gerade etwas erwidern, als ein freundlicher Verkäufer auf die drei zugelaufen kam. Er fragte die drei, ob sie Hilfe benötigen. „Ja gern", antwortete der Vater, „wir möchten ein schönes Aquarium kaufen". „Das wollen wir in unserem Wohnzimmer aufstellen", ergänzte Miri. „Wie groß ist denn das Möbelstück, auf dem das Aquarium platziert werden soll", fragte der Verkäufer nach. „Oje", sagte der Vater etwas verblüfft, „das Sideboard, auf dem das Aquarium stehen soll, haben wir noch gar nicht ausgemessen. Deshalb wird es wohl am besten sein, wir fahren wieder nach Hause und messen zuerst das Sideboard aus. Aber sicherlich können Sie uns jetzt schon die Maße von diesem Aquarium sagen. Denn das gefällt uns sehr gut." „Selbstverständlich", antwortete der hilfsbereite Verkäufer. „Es ist genau 1 Meter lang, 50 cm hoch und 50 cm breit." Daraufhin bedankte sich der Vater höflich.

KOHL VERLAG Keine Angst mehr vor Maßeinheiten • Klasse 3/4 – Bestell-Nr. 13 006

Arbeitsblatt 1

In dieser kleinen Erzählung haben wir zwei **Längenmaße**, nämlich **Meter** und **Zentimeter kennengelernt.** Die Wörter „Meter und Zentimeter" sind zwar etwas abgewandelt, aber sie stammen aus der griechischen und lateinischen Sprache. Das lateinische Wort **centum** bedeutet **einhundert** und das griechische Wort **metron** heißt **Maß.**

Übersetzt, bedeutet **Zentimeter = der hundertste Teil** eines Meters oder anders ausgedrückt, **ein Meter besteht aus 100 Zentimetern.**
Damit man hinter einer Zahl nicht immer die Worte Zentimeter oder Meter schreiben muss, gibt es dafür **Abkürzungen,** die man besser **Einheiten oder Längeneinheiten** nennt.

<u>Aufgabe 1</u>: *Streiche in dem Wort centum die mittleren vier Buchstaben durch, dann erhältst du die Einheit für Zentimeter.*

c e n t u m

<u>Aufgabe 2</u>: *Streiche in dem Wort metron außer den Anfangsbuchstaben alle anderen durch, dann erhältst du die Einheit für Meter.*

m e t r o n

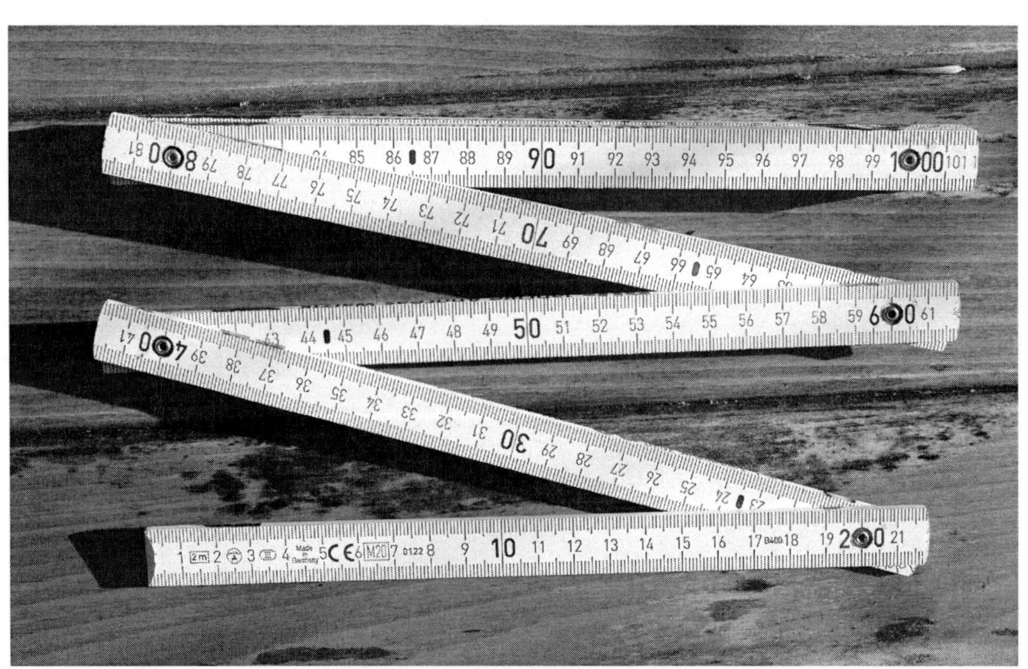

KOHL VERLAG Keine Angst mehr vor Maßeinheiten • Klasse 3/4 – Bestell-Nr. 13 006

Vorlesetext 2

Das Sideboard wird ausgemessen

Zu Hause angekommen, nahm Flori sofort den Meterstab aus dem Werkzeugkasten. Mit diesem wollte er ausmessen, ob das Sideboard groß genug ist, um das Aquarium darauf zu stellen. Miri hatte inzwischen einen Bleistift und einen Zettel geholt, um darauf die Maße zu notieren. Flori klappte den Meterstab auf und legte diesen der Länge nach auf das Sideboard. „Es ist 138 cm lang", rief er. „Flori, du musst auch die Breite messen", sagte der Vater.

„Einen kleinen Moment", erwiderte Flori und legte den Meterstab quer auf das Sideboard. „Die Breite beträgt 63 cm." „Prima", antwortete der Vater, „dann können wir jetzt ausrechnen, ob das Aquarium auf das Sideboard passt."

Arbeitsblatt 2

Aufgabe 1: *Rechne aus, ob die Länge des Sideboards ausreicht, um das 1 m lange Aquarium darauf zu stellen. Formuliere auch eine Antwort.*

Tipp: Rechne zuerst den Meter in Zentimeter um.

Aufgabe 2: *Rechne aus, ob die Breite des Sideboards ausreicht, um das 50 cm breite Aquarium darauf zu stellen. Formuliere auch eine Antwort.*

Aufgabe 3: *Wir können das Aquarium bis an die Wand schieben, die sich hinter dem Sideboard befindet. Rechne aus, wie viel Platz rechts und links noch frei ist, wenn dabei das Aquarium genau in der Mitte des 138 cm langen Sideboards platziert wird.*

Tipp: Überlege zuerst, wie viel Zentimeter das Sideboard länger war als das Aquarium.

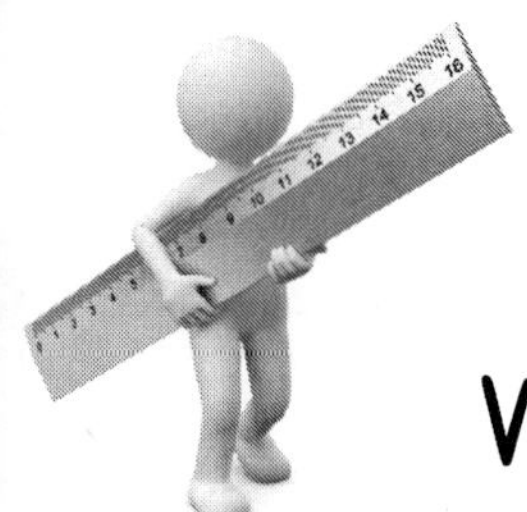

Vorlesetext 3

Was bedeuten die kurzen Striche zwischen den Zentimeterangaben?

Nachdem Felix die Zahlen und Striche auf dem Meterstab etwas nachdenklich betrachtet hatte, wandte er sich an den Vater: "
Ich weiß bereits, dass es sich bei den Zahlen von 1 – 100 um Zentimeterangaben handelt. Außerdem ist mir schon bekannt, dass 100 cm ein 1 m sind. Aber was bedeuten auf dem Meterstab die kurzen Striche zwischen den Zentimeterangaben?"
Lächelnd antwortete der Vater:
„Die kleinen Striche zwischen den Zentimeterangaben sind Millimeterangaben."

Arbeitsblatt 3

Aufgabe 1: *Zähle die Millimeterstriche zwischen den Zentimeterangaben 12 und 13. Mit dem Zählen musst du bei jenem Strich beginnen, unter dem die 12 steht. Dann zählst du bis zu dem kurzen Strich weiter, der sich vor dem Strich befindet, unter dem die 13 steht. Wie viel Striche hast du gezählt?*

Aufgabe 2: *Dir ist bereits bekannt, dass sich 1 Meter aus 100 Zentimetern zusammensetzt. Da jeder Zentimeter aus 10 Millimetern besteht, musst du nur die 10 mit 100 multiplizieren, um zu ermitteln, aus wie viel Millimetern sich ein Meter zusammensetzt. Löse diese Aufgabe.*

Aufgabe 3: *Streiche in dem Wort Millimeter jeweils alle Buchstaben außer den beiden M durch. Was übrig bleibt, ist die Einheit für Millimeter, die allerdings klein geschrieben wird.*

Millimeter

KOHL VERLAG Keine Angst mehr vor Maßeinheiten • Klasse 3/4 – Bestell-Nr. 13 006

Vorlesetext 4

Was bedeuten die großen Striche, die alle 10 cm vorhanden sind?

„Auf dem Meterstab ist außer den Millimetern und Zentimetern eine weitere Maßeinheit vorhanden", sagte der Vater zu den Kindern. Dabei klappte er den Meterstab komplett auf. Schaut einmal bei den Zahlen 10, 20, 30, 40, 50, 60, 70, 80, 90 und 100 sind immer sehr lange Striche vorhanden. Das sind die Angaben für die Dezimeter.

Arbeitsblatt 4

In Dezimeter steckt ein Teil des lateinischen Wortes **decem,** das **zehn** heißt. Auf dem Meterstab befinden sich 10 solcher langen Striche. Das bedeutet, das **1 Meter aus 10 Dezimetern** besteht oder anders ausgedrückt, 1 Dezimeter ist der zehnte Teil eines Meters.

Für den Dezimeter gibt es ebenfalls eine Einheit.

Aufgabe 1: *Streiche die drei Buchstaben hinter dem D und die 4 Buchstaben hinter dem m weg. Was übrig bleibt, ist die Einheit für Dezimeter, die allerdings klein geschrieben wird.*

D e z i m e t e r

Aufgabe 2: *Rechne aus, wie viele Millimeter ein Dezimeter sind. Du weißt bereits, dass 1 m aus 1000 mm besteht.*

Tipp: Du musst diese 1000 durch die Anzahl der Dezimeter teilen, aus denen sich ein 1 m zusammensetzt. Das Ergebnis sind die Millimeter, die in einem Dezimeter enthalten sind.

Aufgabe 3: *Berechne, wie viel Millimeter in 4 Dezimeter sind.*

Vorlesetext 5

Umrechnen mit Hilfe einer Tabelle.

„Es ist gar nicht so einfach, bei den vielen Längenmaßen durchzublicken und sie dann noch umzurechnen", sagte Miri. Der Vater schmunzelte und antwortete: „Eigentlich ist es sogar recht leicht Miri, man muss nur wissen, wie das geht. Am einfachsten lassen sich diese Umrechnungen durchführen, indem dazu eine Hilfstabelle angefertigt wird. Komm, ich zeige dir und Felix einmal, wie diese aussieht und wie man damit umrechnet.

Der Vater nahm ein Blatt Papier, zeichnete darauf die folgende Tabelle und trug in den Tabellenkopf die Einheiten für Meter (m), Dezimeter (dm), Zentimeter (cm) und Millimeter (mm) ein. Anschließend erklärte er, dass es **ganz wichtig** sei, in **jeder Spalte stets nur eine einstellige Zahl einzutragen.**

Lediglich in der vordersten Spalte, in der die Meter stehen, ist es möglich, auch mehrstellige Zahlen einzutragen.

m	dm	cm	mm

KOHL VERLAG Keine Angst mehr vor Maßeinheiten • Klasse 3/4 – Bestell-Nr. 13 006

Vorlesetext 5

Umrechnen mit Hilfe einer Tabelle.

„Ich zeige euch das am besten mal an zwei Beispielen", sagte der Vater. „Nehmen wir einmal an, man möchte wissen, wieviel Millimeter 8 Dezimeter sind.

Zuerst tragen wir die 8 in die Spalte dm ein.

m	dm	cm	mm
	8		

Im zweiten Schritt füllen wir alle Spalten, die hinter der 8 stehen, mit Nullen aus. Ihr seht, in jeder Spalte steht nur eine einstellige Zahl.

m	dm	cm	mm
	8	0	0

Durch das Auffüllen mit Nullen haben wir die Zahl 800 erhalten. Diese ist zugleich das Ergebnis, wenn wir 8 Dezimeter in Millimeter umrechnen. Wir hätten selbstverständlich auch rechnen können:

$8 \cdot 100 = 800$ mm

KOHL VERLAG Keine Angst mehr vor Maßeinheiten • Klasse 3/4 – Bestell-Nr. 13 006

Vorlesetext 5

Umrechnen mit Hilfe einer Tabelle.

Nehmen wir nun mal an, man möchte wissen, wie viel Dezimeter 30 Zentimeter sind.

Zuerst tragen wir die 0 von der 30 in die Spalte cm ein.

m	dm	cm	mm
		0	

Im zweiten Schritt schreiben wir in die Spalte vor der Null eine 3.

m	dm	cm	mm
	3	0	

Weil die Null in der Spalte Zentimeter (cm) nun keinen Zählwert besitzt, steht unser Ergebnis mit der 3 bereits in der Spalte Dezimeter (dm). 30 cm sind also 3 dm.

Wir hätten selbstverständlich auch rechnen können:

30 : 10 = 3 dm

KOHL VERLAG Keine Angst mehr vor Maßeinheiten • Klasse 3/4 – Bestell-Nr. 13 006

Arbeitsblatt 5

Aufgabe: *Ermittle jetzt mit Hilfe dieser Tabelle die Ergebnisse folgender Aufgaben:*

1. Wie viel Dezimeter 70 cm sind.
2. Wie viel Meter 5000 mm sind.
3. Wie viel Zentimeter 2220 mm sind.

Schreibe zu jeder Aufgabe eine kurze Antwort auf, beispielsweise:

18 cm = 180 mm.

m	dm	cm	mm

70 cm = … dm

5000 mm = … m

2220 mm = … cm

KOHL VERLAG Keine Angst mehr vor Maßeinheiten • Klasse 3/4 – Bestell-Nr. 13 006

Vorlesetext 6

Addieren von Längeneinheiten in einer Tabelle.

„Man kann sogar mit Hilfe einer solchen Tabelle ganz leicht unterschiedliche Längeneinheiten addieren", erklärte der Vater. „Auch das werde ich euch am besten an einem Beispiel zeigen.

Nehmen wir einmal an, man muss

3 m | 24 dm | 3 cm | 239 cm | 17 mm

in Millimeter angeben und miteinander addieren.

Das Ergebnis soll in mm angegeben werden.

Zunächst zeichnen wir wieder eine Tabelle und tragen die Zahlen in die jeweiligen Spalten ein. Weil wir das Ergebnis in mm erhalten wollen, müssen alle Spalten ausgefüllt werden. Ist eine Zahl, wie etwa die 3 m, dafür nicht lang genug, füllen wir die **hinter ihr stehenden freien Spalten mit Nullen** aus.

m	dm	cm	mm
3	0	0	0
2	4	0	0
		3	0
2	3	9	0
		1	7

KOHL VERLAG Keine Angst mehr vor Maßeinheiten • Klasse 3/4 – Bestell-Nr. 13 006

Addieren von Längeneinheiten in einer Tabelle.

Danach beginnen wir, die Zahlen spaltenweise zu addieren, wobei wir in der hintersten Spalte beginnen. In dieser Spalte stehen vier Nullen und eine 7.
Wir müssen also rechnen 0 + 0 + 0 + 0 + 7 = 7.
Die errechnete 7 tragen wir in die unterste Zeile ein.

m	dm	cm	mm
3	0	0	0
2	4	0	0
		3	0
2	3	9	0
		1	7
			7

KOHL VERLAG Keine Angst mehr vor Maßeinheiten • Klasse 3/4 – Bestell-Nr. 13 006

Vorlesetext 6

Addieren von Längeneinheiten in einer Tabelle.

Nun addieren wir die Zahlen der nächsten Spalte, also 0 + 0 + 3 + 9 + 1 = 13. Da wir aber wissen, dass pro Spalte lediglich eine Zahl eingetragen werden darf, schreiben wir nur die 3 hinein und die 1 (als gemerkt) in die nächste Spalte.

m	dm	cm	mm
3	0	0	0
2	4	0	0
		3	0
2	3	9	0
		1	7
	1 (gemerkt)		
		3	7

Vorlesetext 6

Addieren von Längeneinheiten in einer Tabelle.

In der nächsten Spalte addieren wir
0 + 4 + 3 + (die gemerkte) 1 = 8.

m	dm	cm	mm
3	0	0	0
2	4	0	0
		3	0
2	3	9	0
		1	7
	1 (gemerkt)		
	8		

KOHL VERLAG Keine Angst mehr vor Maßeinheiten • Klasse 3/4 – Bestell-Nr. 13 006

Vorlesetext 6

Addieren von Längeneinheiten in einer Tabelle.

Zum Schluss addieren wir die Zahlen der noch nicht berechneten Spalte, also

3 + 2 + 2 = 7.

m	dm	cm	mm
3	0	0	0
2	4	0	0
		3	0
2	3	9	0
		1	7
7	8	3	7

Damit haben wir unsere 5 Zahlen addiert und **7837 mm** als Ergebnis erhalten.

KOHL VERLAG Keine Angst mehr vor Maßeinheiten • Klasse 3/4 – Bestell-Nr. 13 006

Arbeitsblatt 6

<u>Aufgabe 1</u>: *Max und Bastian haben folgende Strecken gemessen, die du nun addieren sollst. Gib <u>das Ergebnis</u> von folgenden Zahlen* **in <u>mm</u>** *an:*

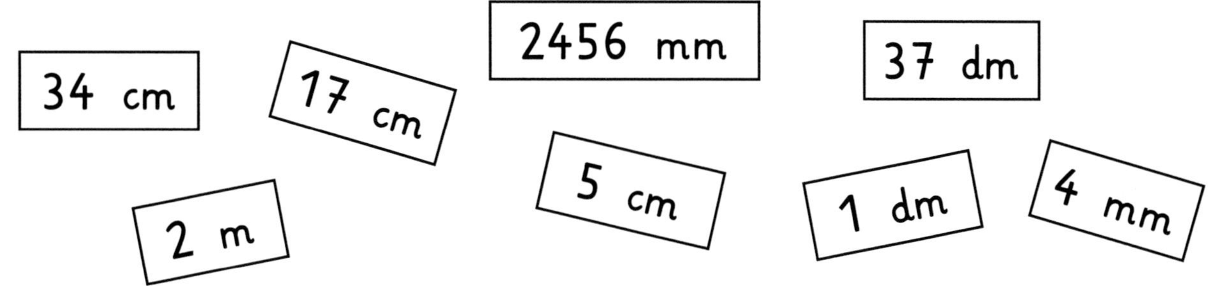

m	dm	cm	mm

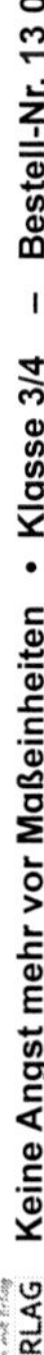

Arbeitsblatt 6

Aufgabe 2: *Florentine hat folgende Strecken gemessen, die du nun addieren (+) sollst. Gib das Ergebnis in cm an. Trage sie dazu richtig in die Tabelle ein.*

Strecken: 211 cm | 30 mm | 19 dm | 3 m | 98 cm | 10 mm

m	dm	cm	mm

Vorlesetext 7

Subtrahieren von Längeneinheiten in einer Tabelle

„Flori und ich wissen bereits, dass die Umkehrrechenoperation zur Addition die Subtraktion ist. Kann man mit einer solchen Tabelle auch leicht Subtraktionen durchführen, Vati?" fragte Miri. „Selbstverständlich" antwortete der Vater. „Wenn ihr möchtet, zeige ich euch das einmal an einem Beispiel". Die beiden Geschwister nickten zustimmend.

Nehmen wir einmal an, wir wollen **von 8 m** folgende Zahlen subtrahieren.

16 dm | 44 mm | 3 cm | 4 m

Das Ergebnis soll in mm angegeben werden.

Zuerst schreiben wir die 8 m als Minuend in die oberste Zeile der Tabelle und die 4 Zahlen, die davon subtrahiert werden sollen, darunter.

m	dm	cm	mm
8	0	0	0
1	6	0	0
		4	4
		3	0
4	0	0	0

KOHL VERLAG Keine Angst mehr vor Maßeinheiten • Klasse 3/4 – Bestell-Nr. 13 006

Vorlesetext 7

Subtrahieren von Längeneinheiten in einer Tabelle

Wir beginnen mit dem Berechnen in der letzten Spalte. Hierbei müssen wir zunächst alle Zahlen addieren, die von den Subtrahenden (als Sub) in dieser Spalte stehen, also

0 + 4 + 0 + 0 = 4.

Diese 4 subtrahieren wir von der letzten Zahl des Minuenden. Dort steht eine Null. Um die 4 abziehen zu können, müssen wir uns eine 1 borgen, die wir gedanklich vor die 0 schreiben, so dass aus dieser eine 10 wird. 10 – 4 = 6. Diese 6 schreiben wir in die unterste Zeile. Gleichzeitig müssen wir das, was wir geborgt haben, also die 1, in die Spalte davor schreiben.

m	dm	cm	mm
8	0	0	0
1	6	0	0
		4	4
		3	0
4	0	0	0
		1 (war geborgt)	
			6

KOHL VERLAG Keine Angst mehr vor Maßeinheiten • Klasse 3/4 – Bestell-Nr. 13 006

Vorlesetext 7

Subtrahieren von Längeneinheiten in einer Tabelle

Nun addieren wir in der nächsten Spalte die Zahlen aller Subtrahenden einschließlich der geborgten 1, also

0 + 4 + 3 + 0 + 1 = 8.

Diese 8 subtrahieren wir von der vorletzten Zahl des Minuenden. Dort steht wieder eine Null. Um die 8 abziehen zu können, müssen wir erneut eine 1 borgen, die wir gedanklich vor die 0 schreiben, so dass aus dieser eine 10 wird. 10 – 8 = 2. Diese 2 schreiben wir in die unterste Zeile. Gleichzeitig müssen wir das, was wir geborgt haben, also wieder eine 1, in die Spalte davor schreiben.

m	dm	cm	mm
8	0	0	0
1	6	0	0
		4	4
		3	0
4	0	0	0
	1 (war geborgt)	1 (war geborgt)	
		2	6

KOHL VERLAG Keine Angst mehr vor Maßeinheiten • Klasse 3/4 – Bestell-Nr. 13 006

Vorlesetext 7

Subtrahieren von Längeneinheiten in einer Tabelle

Jetzt addieren wir in der nächsten Spalte die Zahlen aller Subtrahenden einschließlich der geborgten 1, also

6 + 0 + 1 = 7.

Diese 7 subtrahieren wir von der drittletzten Zahl des Minuenden. Dort steht wieder eine Null. Um die 7 abziehen zu können, müssen wir erneut eine 1 borgen, die wir gedanklich vor die 0 schreiben, so dass aus dieser eine 10 wird. 10 – 7 = 3. Diese 3 schreiben wir in die unterste Zeile. Gleichzeitig müssen wir das, was wir geborgt haben, also wieder eine 1, in die Spalte davor schreiben.

m	dm	cm	mm
8	0	0	0
1	6	0	0
		4	4
		3	0
4	0	0	0
1 (war geborgt)	1 (war geborgt)	1 (war geborgt)	
	3	2	6

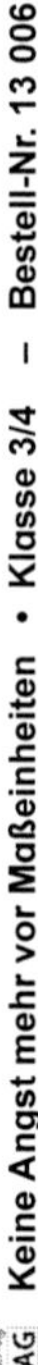

Vorlesetext 7

Subtrahieren von Längeneinheiten in einer Tabelle

Jetzt addieren wir aus der noch zu berechnenden Spalte die Zahlen aller Subtrahenden einschließlich der geborgten 1, also 1 + 4 + 1 = 6.

Diese 6 subtrahieren wir vom Minuenden. Dort steht eine 8. Also 8 – 6 = 2. Diese 2 schreiben wir in die Tabelle.

m	dm	cm	mm
8	0	0	0
1	6	0	0
		4	4
		3	0
4	0	0	0
1 (war geborgt)	1 (war geborgt)	1 (war geborgt)	
2	3	2	6

Somit lautet unser Ergebnis **2326 mm.**

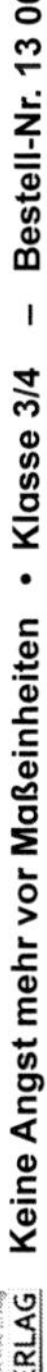

Arbeitsblatt 7

Aufgabe 1: *Eine Strecke ist* **9 m** *lang. Davon sollst du folgende kleinere Strecken subtrahieren (–), die Emil und Tina bereits für dich gemessen haben. Gib das Ergebnis* ***in mm*** *an.*

65 dm

88 cm

m	dm	cm	mm

Arbeitsblatt 7

Aufgabe 2: *Eine Strecke ist **7 m** lang. Davon sollst du folgende kleinere Strecken subtrahieren (–), die Paul bereits für dich gemessen hat. Gib das Ergebnis **in cm** an.*

4350 mm	11 dm	109 cm

m	dm	cm	mm

Keine Angst mehr vor Maßeinheiten • Klasse 3/4 – Bestell-Nr. 13 006
KOHL VERLAG

Vorlesetext 8

Kilometerangaben

„Wenn wir nachher mit dem Auto zum Baumarkt fahren, um das Aquarium zu kaufen, legen wir eine Strecke von etwa 15 Kilometer zurück. Deshalb möchte ich euch etwas über dieses Längenmaß erzählen", sagte der Vater. „Der Kilometer ist ein sehr großes Längenmaß, das beispielsweise genutzt wird, um die Entfernung zwischen zwei Städten oder auch zwischen zwei Ländern anzugeben. Der Wortteil Kilo geht auf das griechische Wort chilioi zurück und bedeutet eintausend. Ihr kennt ja bereits das lateinische Wort mille, vom Millimeter, das ebenfalls tausend bedeutet. Allerdings ist der Millimeter, wie ihr schon wisst, der tausendste Teil eines Meters. Übersetzt man dagegen Kilometer, bedeutet das eintausend Meter. Ein Kilometer sind also genau 1000 m."

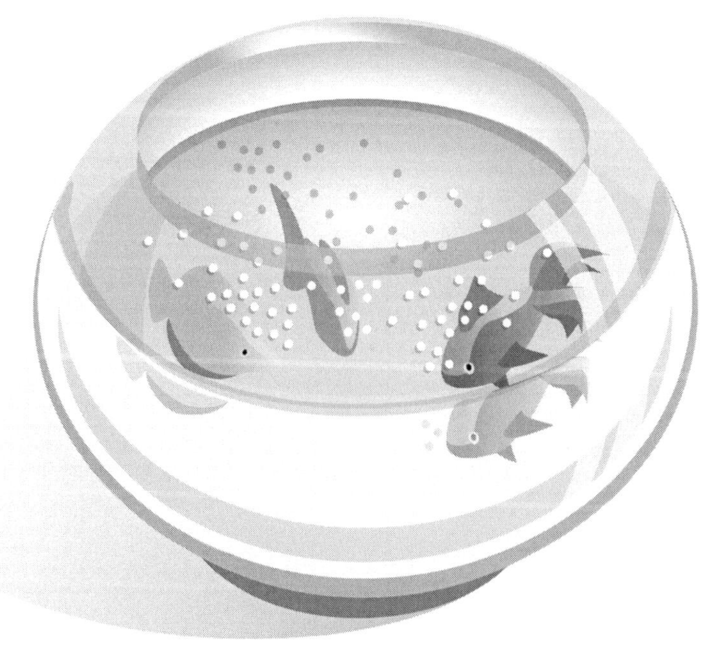

KOHL VERLAG Keine Angst mehr vor Maßeinheiten • Klasse 3/4 – Bestell-Nr. 13 006

Arbeitsblatt 8 a

Genau wie für Meter, Dezimeter, Zentimeter und Millimeter gibt es auch für den Kilometer eine Einheit.

Aufgabe 1: *Streiche in Kilometer, drei Buchstaben hinter dem K und alle hinter dem m weg und schon hast du die Einheit für dieses Längenmaß, die allerdings klein geschrieben wird.*

Kilometer

Wie du bereits weißt, setzt sich ein Kilometer aus 1000 m zusammen. Hinter der 1 befinden sich **drei Stellen**, die für die **Einer, Zehner und Hunderter Meter stehen.** Wenn wir beispielsweise 1007, 1020 und 1800 m scheiben, steht

- die 7 für die Einerstellen der Meter
- die 2 für die Zehnerstelle der Meter und
- die 8 für die Hunderterstelle der Meter.

Die 1 steht in allen drei Zahlen für die Kilometer.

In der folgenden Tabelle sind die Einer-, Zehner- und Hunderterstellen bei den Metern mit den Buchstaben E, Z und H versehen. Dadurch lassen sich Problemlos die Zahlen für die Meter in diese Tabelle eintragen.

Aufgabe 2: *Trage folgende Zahlen in die Tabelle ein. Beachte dabei, dass nur in der vordersten Spalte (in der die Kilometer stehen) auch mehrstellige Zahlen eingetragen werden können:* ***1893479 mm, 27811356 mm***

km	m			dm	cm	mm
	H	Z	E			

KOHL VERLAG Keine Angst mehr vor Maßeinheiten • Klasse 3/4 – Bestell-Nr. 13 006

Arbeitsblatt 8 b

Aufgabe: *Mit welcher Zahl muss multipliziert werden, um 27 km in Millimeter umzuwandeln.*

Tipp: Wandle in einem ersten Schritt in Meter und in einem zweiten Schritt in Millimeter um. Stelle im dritten Schritt eine zusammengefasste Gleichung auf. Schreibe auf, wie viel Millimeter ein km umfasst.

KOHL VERLAG Keine Angst mehr vor Maßeinheiten • Klasse 3/4 – Bestell-Nr. 13 006

Vorlesetext 9

Auflösen von Kommastellen in Zahlen

Auf der Fahrt zum Baumarkt erzählte der Vater: „Ich hatte bereits gesagt, dass die Strecke von unserem Haus zum Baumarkt etwa 15 km beträgt. Wenn ich allerdings ganz exakt bin, ist sie um 314 m länger. Somit kann man sagen, die Strecke ist 15314 m lang. Es geht jedoch auch anders. Dazu gebe ich euch aus dem Handschuhfach mal den Notizblock und einen Stift, sodass ihr eine Tabelle zeichnen könnt, in der nur die Kilometer und Meter berücksichtigt werden. In diese Tabelle tragt ihr die Zahl 15314 m ein.

km	m		
	H	Z	E
15	3	1	4

Wenn wir nun diese Zahl in Kilometer angeben wollen, muss hinter die 15 ein Komma gesetzt werden, also 15,314 km. Damit haben wir die 15314 m in Kilometer umgerechnet.

Ein Umrechnen ist nicht nur bei Kilometern möglich, sondern man kann jede Längenzahl, in der sich ein Komma befindet, in andere Einheiten umwandeln. Zeichnet dazu einmal eine Tabelle, in der Spalten für Millimeter bis Kilometer vorhanden sind. Nun wollen wir als Beispiel ermitteln, wie viel Zentimeter 1487 mm sind. Tragt die einzelnen Zahlen zunächst in die Spalten ein.

km	m			dm	cm	mm
	H	Z	E			
			1	4	8	7

KOHL VERLAG Keine Angst mehr vor Maßeinheiten • Klasse 3/4 – Bestell-Nr. 13 006

Vorlesetext 9

Auflösen von Kommastellen in Zahlen

Die weitere Vorgehensweise ist ganz einfach. Ihr müsst nur hinter der Zahl, die in der Spalte mit den Zentimetern steht, ein Komma setzen. Also 148,7 cm und schon ist die Umrechnung fertig.

Könnt ihr mir sagen, wie viel Dezimeter 1487 mm sind?" „Ja, klar", antwortete Flori sofort," man muss nur schauen, welche Zahl in der Spalte für die Dezimeter steht und hinter diese ein Komma setzen, also 14,87 dm."

„Und wie viel Millimeter sind 54,3 m?", fragte der Vater weiter. „Das weiß ich", rief Miri. „Man muss nur die 54,3 m in die Tabelle einsetzen und dabei die leeren Spalten hinter der 3 mit Nullen auffüllen." sagte Miri und schrieb dabei die Zahlen in die Tabelle."

km	m			dm	cm	mm
	H	Z	E			
		5	4	3	0	0

Man hätte auch rechnen können:

54, 3 • 1000 mm = 54300 mm
(weil ein Meter 1000 mm sind)

Um das noch besser zu verstehen, schreibt einmal die Zahlen 54,3 m und 1000 mm in die Tabelle", sagte der Vater.

KOHL VERLAG Keine Angst mehr vor Maßeinheiten • Klasse 3/4 – Bestell-Nr. 13 006

Vorlesetext 9

Auflösen von Kommastellen in Zahlen

km	m			dm	cm	mm
	H	Z	E			
			1	0	0	0
		5	4	3		

Ihr seht, die 1 steht über der 4 und die erste Null über der 3. Da 1 m 1000 mm sind und die 1000 drei Nullen hat, muss jetzt das Komma in der 54,3 gedanklich für jede Null um eine Stelle nach rechts verschoben werden. Bei drei Nullen sind das drei Stellen, die man nach rechts verschieben muss.

5	4,	3		

Im ersten gedanklichen Schritt würde die Zahl 543, lauten.

5	4	3,		

KOHL VERLAG Keine Angst mehr vor Maßeinheiten • Klasse 3/4 – Bestell-Nr. 13 006

Vorlesetext 9

Auflösen von Kommastellen in Zahlen

Jetzt schieben wird das Komme noch eine Spalte weiter. Damit die Spalte in der das Komma steht nicht leer ist, setzen wir eine Null davor. Somit würde die Zahl nach dem zweiten gedanklichen Schritt 5430 lauten.

5	4	3	0,	

Im dritten gedanklichen Schritt schieben wir das Komma erneut eine Spalte nach rechts und setzen wieder eine Null davor.

5	4	3	0	0,

Die Zahl lautet dann 54300.

Da wir uns mit der letzten Null bereits in der Millimeterspalte befinden und hinter diese keine weitere Spalte folgt, ist das Komma jetzt überflüssig und wird deshalb weggelassen.

Die abschließende Zahl lautet also 54300 mm.

KOHL VERLAG Keine Angst mehr vor Maßeinheiten • Klasse 3/4 – Bestell-Nr. 13 006

Arbeitsblatt 9

Aufgabe 1: *Rechne mit Hilfe der Tabelle 28,5 m in cm (Zentimeter) um.*

Tipp: Überlege zuerst, aus wie vielen Zentimetern ein Meter besteht. Schreibe anschließend die Aufgabe als Gleichung auf.

km	m			dm	cm	mm
	H	Z	E			

Aufgabe 2: *In einem Buch über Aquaristik sind folgende Längen für die Fische angegeben:*

Schmetterlingsbuntbarsch 5,3 cm und

Segelflosser 1,67 dm.

Rechne die Länge des Schmetterlingsbuntbarschs in Millimeter und die des Segelflossers sowohl in Zentimeter als auch in mm um.

Vorlesetext 10

Umwandlung in Zahlen mit Kommastellen

Weil es noch ein paar Kilometer bis zum Baumarkt waren, erklärte der Vater weiter: „Selbstverständlich ist es nicht nur möglich, Längenzahlen, die Kommastellen enthalten, in kommalose Zahlen umzuwandeln, sondern das kann auch umgekehrt erfolgen. Stellt euch einmal vor, ihr sollt Millimeter in Dezimeter umwandeln. Zeichnet dazu wieder eine Tabelle und tragt in diese 7 mm ein.

km	m			dm	cm	mm
	H	Z	E			
						7

Anschließend müsst ihr alle Spalten bis zur Dezimeterspalte mit Nullen füllen.

km	m			dm	cm	mm
	H	Z	E			
				0	0	7

KOHL VERLAG Keine Angst mehr vor Maßeinheiten • Klasse 3/4 – Bestell-Nr. 13 006

Vorlesetext 10

Umwandlung in Zahlen mit Kommastellen

Jetzt braucht ihr nur hinter der Null, die in der Dezimeterspalte steht, ein Komma zu setzen und ihr habt das Ergebnis, also 0,07 dm.

Da ein Dezimeter aus 100 Millimeter besteht, hätte man auch rechnen können:

7 : 100. Das ist doch nicht lösbar, werdet ihr vielleicht jetzt sagen. Doch, es ist lösbar und eigentlich ganz einfach, indem man sich gedanklich etwas borgt.

Schreibt die Schritte dazu einfach einmal auf dem Block mit.

7: 100 = Wir müssen uns jetzt gedanklich eine Null borgen und diese hinter die 7 schreiben.

7**0** : 100 = Weil wir uns für die linke Seite eine Null geborgt haben, müssen wir diese auch auf die rechte Seite schreiben. Außerdem wird hinter der Null ein Komma geschrieben.

70 : 100 = **0**, . 70 lässt sich aber immer noch nicht durch 100 teilen. Deshalb müssen wir uns gedanklich eine weitere Null borgen und diese hinter die 70 schreiben.

70**0** : 100 = 0, Für die zweite geborgte Null, müssen wir erneut eine Null auf die rechte Seite schreiben. Diese steht hinter dem Komma.

700 : 100 = 0,**0** 700 ist durch 100 teilbar und wir erhalten als Ergebnis 7. Diese schreiben wir hinter die zweite Null also 0,0**7** und schon haben wir unser Ergebnis von **0,07 dm.**

Also ist 7 mm = **0,07 dm**

KOHL VERLAG Keine Angst mehr vor Maßeinheiten • Klasse 3/4 – Bestell-Nr. 13 006

Arbeitsblatt 10

Aufgabe 1: *Rechne folgende Zahlen um.*

Tipp: Wenn es dir leichter fällt, kannst du die Tabelle als Hilfe benutzen.

1. 180 cm in m
2. 0,3 m in mm
3. 4,378 km in dm
4. 800 mm in km
5. 44, 1 cm in m
6. 16 dm in cm
7. 16 dm in km
8. 8,3 cm in mm
9. 291 dm in m
10. 24457 cm in km

km	m			dm	cm	mm
	H	Z	E			

KOHL VERLAG Keine Angst mehr vor Maßeinheiten • Klasse 3/4 – Bestell-Nr. 13 006

Vorlesetext 11

Der Kauf des Aquariums

Nachdem die Kinder und der Vater die Kleintierabteilung des Baumarkts betreten hatten, erblickten sie gleich wieder den freundlichen Verkäufer. Er hatte die Familie Trommler ebenfalls gesehen und kam auf sie zu: „Hallo", sagte er, „ist das Sideboard groß genug für das Aquarium?" „Ja", antwortete der Vater, deshalb möchten wir das ausgesuchte Modell auch gerne kaufen. Außerdem benötigen wir noch einige Wasserpflanzen und Technikgegenstände für das Aquarium sowie Kies als Bodensubstrat." „Kein Problem", erwiderte der Verkäufer, „das haben wir alles vorrätig. Dann ergänzte er: „Wenn das Aquarium erst eingerichtet und mit Wasser befüllt ist, wiegt so ein großes Modell zwar keine Tonne, wohl aber oft ein paar Dezitonnen. Da muss das Sideboard ganz schön was aushalten. Der Vater lachte und sagte: „Unser Sideboard ist ein sehr stabiles Möbelstück, da habe ich keine Bedenken. Naja, und wenn das Aquarium schon so viel wiegt, sind wenigstens die Fische leichter. Jeder Fisch wiegt doch nur ein paar Gramm. Zusammen bringen sie nicht mal ein Kilogramm auf die Waage." „Stimmt", antwortete der Verkäufer, der inzwischen alle gewünschten Dinge herbeigeholt hatte und nun der Familie Trommler half, diese an die Kasse zu tragen.

KOHL VERLAG Keine Angst mehr vor Maßeinheiten • Klasse 3/4 – Bestell-Nr. 13 006

Arbeitsblatt 11 a

In der vorangegangenen kleinen Erzählung haben wir bereits von vier **Gewichtsmaßen,** nämlich von **Gramm, Kilogramm, Dezitonne und Tonne gehört.** Das **Wort Gramm** ist etwas abgewandelt, von dem lateinischen **gramma,** welches für ein sehr kleines Gewicht steht. Vielleicht hast du auf der Verpackung von einem Stück Butter schon einmal gelesen, dass darin 250 g enthalten sind. Dadurch kannst du dir eine grobe Vorstellung machen, wie klein ein einzelnes Gramm ist.

Mit einer Waage lassen sich einfach und schnell Gewichte feststellen.

<u>Aufgabe 1</u>: *Streiche in dem Wort Gramm alle Buchstaben hinter dem G durch, dann erhältst du dessen Einheit, die allerdings klein geschrieben wird.*

G r a m m

<u>Aufgabe 2</u>: *Den Wortbestandteil Kilo hast du bereits beim Kilometer kennengelernt. Versuche jetzt, zu erklären, was das Wort Kilogramm bedeutet.*

<u>Aufgabe 3</u>: *Streiche in dem Wort Kilogramm drei Buchstaben hinter dem K und 4 hinter dem g durch, dann erhältst du die Einheit für Kilogramm, die allerdings klein geschrieben wird.*

K i l o g r a m m

KOHL VERLAG Keine Angst mehr vor Maßeinheiten • Klasse 3/4 – Bestell-Nr. 13 006

Arbeitsblatt 11 a

Das Wort Tonne wurde von dem lateinischen tunna = großes Fass abgeleitet. Gefüllt wog ein solches Fass etwa 1000 kg, weshalb die Gewichtseinheit Tonne 1000 kg beinhaltet.

Aufgabe 4: *Streiche in dem Wort Tonne alle Buchstaben hinter dem T durch, dann erhältst du deren Einheit, die allerdings klein geschrieben wird.*

T o n n e

Aufgabe 5: *Du kennst bereits den Dezimeter, bei dem es sich um den zehnten Teil eines Meters handelt. Versuche jetzt zu erklären, was das Wort Dezitonne bedeutet und berechne, wie viel Kilogramm eine solche wiegt.*

____

____

____

Aufgabe 6: *Streiche in dem Wort Dezitonne drei Buchstaben hinter dem D und 4 hinter dem t durch, dann erhältst du die Einheit für Kilogramm, die allerdings klein geschrieben wird.*

D e z i t o n n e

In Deutschland werden häufig noch die etwas veralteten Gewichtsangaben Pfund und Zentner verwendet.

Die **Einheit für das Pfund lautet pf.**

Die **Einheit für den Zentner lautet z.**

Aufgabe 7: *Zwei Pfund ergeben ein Kilogramm und zwei Zentner eine Dezitonne. Berechne, wie viel Gramm ein Pfund und wie viel Kilogramm ein Zentner wiegt.*

Arbeitsblatt 11 b

Aufgabe 1: *Von dem Aquarium, welches die Familie Trommler gekauft hat, haben die Scheiben folgende Gewichte.*

Die Vorderscheibe wiegt 2500 g.

Die Rückscheibe wiegt ebenfalls 2500 g.

Die Bodenscheibe besteht aus dickerem Glas und wiegt 3700 g.

Jede der beiden Seitenscheiben hat ein Gewicht von 2 pf (Pfund).

Wie viel Kilogramm wiegt das Aquarium?

Aufgabe 2: *Als Bodensubstrat für das Aquarium hat die Familie Trommler 3 Säcke Kies gekauft. Jeder dieser Säcke wiegt einen halben Zentner. Wie schwer sind die drei Säcke zusammen? Gib das Gewicht in Pfund an.*

Vorlesetext 12

Gewichtsumrechnungen mit einer Tabelle

Auf der Heimfahrt vom Baumarkt wollte Miri wissen, ob es möglich ist, Gewichte genau wie Längenmaße mit Hilfe einer Tabelle umzurechnen. „Ja", antwortete der Vater, „die dafür erforderliche Tabelle ähnelt sogar jener, mit der man Längenmaße umrechnet. Außerdem verhält es sich bei den Umrechnungen der Gewichte und den damit verbundenen Kommaverschiebungen nach rechts oder links genau wie bei den Längenmaßen. Möchtest du mal eine Tabelle für Gewichtsberechnungen zeichnen?" „Gern", antworte Miri. Der Vater gab ihr aus dem Handschuhfach wieder den Notizblock und einen Stift. Danach sagte er: „Zuerst muss ein Tabellenkopf mit 4 Spalten gezeichnet werden, in welche du die Einheiten t, dt, kg und g einträgt. Während Miri eifrig zeichnete und schrieb, schaute Flori sehr interessiert zu, was seine Schwester aufs Papier brachte.

Der Vater fuhr mit seinen Erklärungen fort: „Die Spalte mit den Gramm unterteilst du in drei und die mit den Kilogramm in zwei Bereiche. In die zweite Zeile schreibst du, beginnend im hintersten Gramm-Bereich, ein E für die Einer, davor ein Z für die Zehner und dann ein H für die Hunderter. Unter die Kilogramm schreibst du in die rechte Spalte ein E für die Einer und ein Z für die Zehner. Unter die Dezitonne kommt ein E mit einem Schrägstrich und dahinter ein H." „Weshalb denn das E mit dem Schrägstrich und das H dahinter", fragte Flori.

t	dt	kg		g		
	E/H	Z	E	H	Z	E

KOHL VERLAG Keine Angst mehr vor Maßeinheiten • Klasse 3/4 – Bestell-Nr. 13 006

Vorlesetext 12

Gewichtsumrechnungen mit einer Tabelle

Der Vater lächelte: „Ihr wisst, dass eine Tonne 1000 kg hat. Unter dem Kilogramm stehen bereits die Einer und die Zehner. In der Spalte dt stehen die Hunderter für die kg, denn 100 Kilogramm sind eine Dezitonne. Damit ihr das noch besser versteht, schreibt einfach mal 100 kg in die Tabelle.

t	dt	kg		g		
	E/H	Z	E	*H*	*Z*	*E*
	1	0	0			

Außerdem wisst ihr schon, dass 10 dt eine Tonne sind. Schreibt nun einmal die 24 dt in die Tabelle.

t	dt	kg		g		
	E/H	Z	E	*H*	*Z*	*E*
	1	0	0			
2	4					

Vorlesetext 12

Gewichtsumrechnungen mit einer Tabelle

Die 4 steht für die Einer der Dezitonnen und die 2 für die zehnfachen Dezitonnen, welche gleichzeitig 2 Tonnen sind. Man könnte für diese 24 auch sagen 2 Tonnen und 4 Dezitonnen. Gleichzeitig steht die 4 aber auch für die hunderter Kilogramm, denn 4 dt sind auch 400 kg.

Um das Ganze etwas mehr zu veranschaulichen, noch zwei Beispiele: 1 kg besteht aus 1000 Gramm. Prüft das einmal nach. Setzt einfach eine 1 unter die Einer der kg und füllt alle dahinterstehenden Spalten mit jeweils einer Null.

t	dt	kg		g		
	E/H	Z	E	*H*	*Z*	*E*
			1	0	0	0

Wir hatten bereits festgestellt, dass eine Tonne 1000 kg hat. Wenn ihr nun wissen möchtet, aus wie viel g eine Tonne besteht, schreibt ihr im ersten Teilschritt, die 1000 kg in die Tabelle. Im zweiten Teilschritt füllt ihr einfach alle dahinterstehenden Spalten mit jeweils einer Null und schon könnt ihr ablesen, aus wie viel Gramm eine Tonne besteht.

KOHL VERLAG Keine Angst mehr vor Maßeinheiten • Klasse 3/4 – Bestell-Nr. 13 006

Vorlesetext 12

Gewichtsumrechnungen mit einer Tabelle

t	dt	kg		g		
	E/H	Z	E	*H*	*Z*	*E*
1	0	0	0	erster Teilschritt		
1	0	0	0	0	0	0

„Aus einer Million Gramm", rief Flori und ergänzte, „man hätte auch die 1000 kg mit 1000 multiplizieren können, denn jedes der 1000 kg besteht aus 1000 g. Dann wäre man ebenfalls auf 1.000.000 gekommen. „Das ist richtig", freute sich der Vater, der das Auto anhielt, weil die Familie in diesem Moment zu Hause angekommen war. „So, nun wollen wir erst einmal das Aquarium samt Zubehör ausladen", sagte er.

Arbeitsblatt 12

Aufgabe: *Rechne folgende Zahlen um.*

Tipp: Wenn es dir leichter fällt, kannst du die Tabelle als Hilfe benutzen.

1. 165 g in kg
2. 4 dt in g
3. 345 g in dt
4. 511 g in t
5. 17,583 t in g
6. 44 kg in dt
7. 1,9 dt in t
8. 3 dt in t
9. 1,78 kg in t
10. 0,8 kg in dt

t	dt	kg		g		
	E/H	Z	E	*H*	*Z*	*E*

Keine Angst mehr vor Maßeinheiten • Klasse 3/4 – Bestell-Nr. 13 006

Vorlesetext 13

Wie schwer ist das gefüllte Aquarium?

Nachdem die drei das Aquarium aufgestellt, es bepflanzt, die Technikgegenstände installiert und den Bodenkies sowie Wasser eingefüllt hatten, kam die Mutter ins Wohnzimmer und fragte: „Wie viel wiegt denn das gefüllte Aquarium etwa?"

„Das lässt sich in etwa ausrechnen", antwortete Flori, „wir wissen bereits, dass das ungefüllte Aquarium 10,7 kg wiegt und der Kies etwa 75 kg. Das sind zusammen 85,7 kg. Außerdem wiegt ein Liter Wasser ein Kilogramm. Wir brauchen also nur zu ermitteln, wieviel Liter Wasser man in das Aquarium füllen kann. Allerdings müssen wir die rund 5 cm hohe Bodenkiesschicht von der Wasserfüllmenge abziehen. „Na, dann rechnet mal los", sagte die Mutter. Flori und Miri holten sich Papier und einen Stift, setzten sich an den Esstisch, der im Wohnzimmer stand, und begannen zu rechnen. „Soll ich euch ein bisschen helfen", fragte der Vater. „Ja gern", erwiderte Flori und nickte begeistert.

KOHL VERLAG Keine Angst mehr vor Maßeinheiten • Klasse 3/4 – Bestell-Nr. 13 006

Arbeitsblatt 13

<u>Aufgabe 1</u>: *Um den Rauminhalt, den man auch Volumen nennt, des Aquariums zu berechnen, müsst ihr zuerst dessen Länge in cm mal Breite in cm mal Höhe in cm multiplizieren. Allerdings müssen wir bei der Berechnung der Höhe des Aquariums, die 50 cm beträgt, noch die Höhe der Kiesschicht abziehen. Denn wo der Kies ist, kann kein Wasser sein. Daraus ergibt sich eine Resthöhe von 45 cm.*

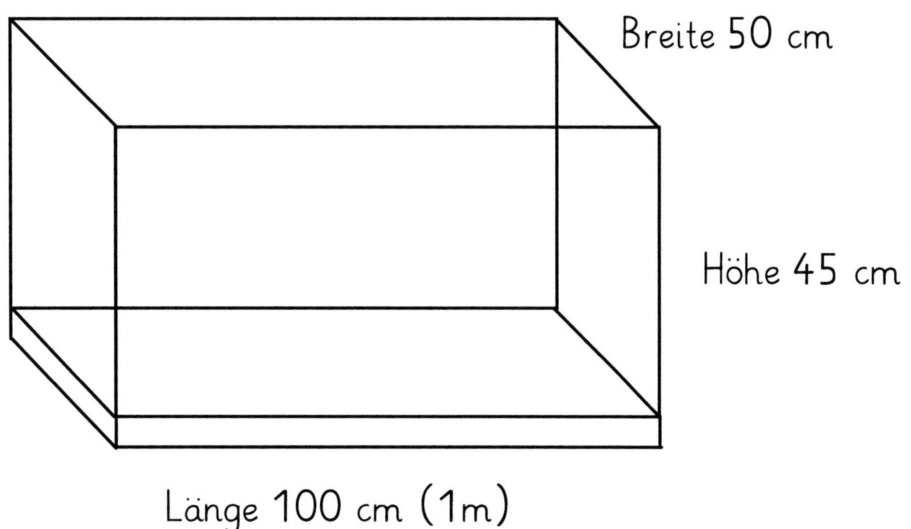

Somit haben wir eine Länge von einem Meter und eine Breite von 50 cm und die Höhe 45 cm.
Rechne jetzt das Volumen des Aquariums aus.

Noch ein wichtiger Hinweis:
Wenn du **cm** mal **cm** mal **cm** rechnest, sind das **3 mal cm.** Diese Einheit wird als **Kubikzentimeter** bezeichnet und als **cm³** geschrieben.

$\text{cm} \cdot \text{cm} \cdot \text{cm} = \text{cm}^3$

Keine Angst mehr vor Maßeinheiten • Klasse 3/4 – Bestell-Nr. 13 006

Arbeitsblatt 13

Aufgabe 2: Der Vater sagte zu den beiden Geschwistern: „Weil ein Liter 1000 g entspricht, müsst ihr das errechnete Volumen durch 1000 teilen und ihr erhaltet als Ergebnis die Wassermenge in Litern, die in das Aquarium passt. Das Ergebnis braucht ihr dann nur noch in Kilogramm umzurechnen. Ihr wisst ja bereits, wie viel Kilogramm ein Liter wiegt."

Aufgabe 3: Jetzt musst du nur noch die Gewichte des Aquariums, der darin befindlichen Wassermenge und des Bodenkieses addieren, um zu erfahren, wie schwer das Ganze ist.

Vorlesetext 14

Wie viele Fische lassen sich in dem Aquarium pflegen?

„Unser Aquarium ist riesengroß", freute sich Flori, „da können wir sicherlich hundert Fische darin pflegen". „Da muss ich dich leider enttäuschen", antwortete der Vater. „Wie jedes Lebewesen brauchen auch Fische ausreichend Platz, um sich richtig wohl zu fühlen. Dafür benötigt jeder einzelne von ihnen eine entsprechend große Wassermenge. So sollten pro cm Fischlänge, etwa 2 Liter Wasser in dem Aquarium vorhanden sein. Anders ausgedrückt, für einen 6 cm langen Fisch muss eine Wassermenge von etwa 12 Litern vorhanden sein. Ich möchte euch folgenden Vorschlag unterbreiten: Wenn wir zum Kauf der Fische in den Baumarkt fahren, könnt ihr beide euch jeweils eine Fischart aussuchen. Wir berechnen dann, wie viele Exemplare von diesen Fischen in unser Aquarium passen. Jeder von euch beiden muss dabei mit der Hälfte der Wassermenge rechnen, die sich in unserem Aquarium befindet."

„Diesen Vorschlag finde ich gut", rief Miri. „Mir gefällt er auch", stimmte Flori zu.

Nachdem Herr Trommler mit den beiden am nächsten Tag in den Baumarkt gefahren war, standen die Kinder zunächst vor den zahlreichen Aquarien, in denen sich die bunten Fische tummelten. Sowohl Miri als auch Flori überlegten lange, für welche Fisch-Art sie sich entscheiden sollten. Schließlich sagte Miri: „Ich würde gern ein paar Trauermantel-Salmler haben." „Und welche möchtest du?", fragte der Vater Flori. „Mir gefallen die Panzerwelse am besten. Von denen hätte ich gern einige". Herr Trommler erkundigte sich bei dem Verkäufer, wie groß diese beiden Fischarten werden. Dieser antwortete: „Die Welse werden etwa 6 cm und die Salmler 5 cm lang." Der Vater bedankte sich. Dann wandte er sich an die Kinder: „Na, dann lasst uns mal rechnen."

KOHL VERLAG Keine Angst mehr vor Maßeinheiten • Klasse 3/4 – Bestell-Nr. 13 006

Arbeitsblatt 14

Aufgabe 1: *Wir wissen bereits, dass das Wasservolumen in dem Aquarium der Familie Trommler 225 Liter beträgt. Wie groß ist die Wassermenge, die jedem der beiden Kinder zur Verfügung steht, um darin Fische zu pflegen?*

Aufgabe 2: *Wie viele Trauermantelsalmler (deren Länge 5 cm beträgt) darf Miri kaufen?*

Tipp: Denke daran, dass pro Zentimeter Fischlänge zwei Liter Wasser nötig sind.

Aufgabe 3: *Wie viele Panzerwelse (deren Länge 6 cm beträgt) darf Flori kaufen?*

Tipp: Denke daran, dass pro Zentimeter Fischlänge zwei Liter Wasser nötig sind.

Vorlesetext 15

Flüssigkeitenmaße

Im Baumarkt hatte der Verkäufer die gewünschten Fische aus den Aquarien herausgefangen und in Plastikbeutel gesetzt, in denen sich etwas Wasser befand. So konnten die Kinder ihre Fische gut nach Hause transportieren. Auf der Heimfahrt sagte der Vater: „Ihr habt bereits erfahren, was ein Liter ist. Dieser hat ein Gewicht von 1000 g und stellt ein Maß für Flüssigkeiten dar. Die Einheit dafür ist ein kleines l. Außer dem Liter gibt es noch kleinere und größere Flüssigkeitsmaße.

Arbeitsblatt 15

<u>Aufgabe 1</u>: *Du weißt, dass ein 1 Liter (Einheit l) 1000 g beziehungsweise 1 kg sind. Ein sehr kleines Flüssigkeitenmaß ist der Milliliter. Du kennst bereits den Begriff Milli vom Millimeter. Überlege, der wie vielte Teil eines Meters ein Millimeter ist. Der Milliliter ist ein genauso großer Teil des Liters. Schreibe jetzt auf, wie viele Milliliter ein Liter hat.*

1 l = ____________ Milliliter.

<u>Aufgabe 2</u>: *Streiche in dem Wort Milliliter die vier Buchstaben hinter dem M sowie die 4 Buchstaben hinter dem l durch. Du erhältst die Einheit für Milliliter, die allerdings klein geschrieben wird.*

M i l l i l i t e r

Arbeitsblatt 15

Aufgabe 3: *Ein weiteres Flüssigkeitenmaß ist der Zentiliter. Du kennst auch schon das Wort centum vom Zentimeter. Überlege, der wie vielte Teil eines Meters ein Zentimeter ist. Rechne nun aus, wie viel Milliliter ein Zentiliter hat. Wie könnte die Einheit für den Zentiliter lauten.*

Tipp: Aus dem Z wird dabei ein c.

Einheit des Zentiliters = _______

Aufgabe 4: *Des Weiteren lässt sich der Liter noch in Deziliter umrechnen. Der Wortbestandteil Dezi ist dir bereits von dem Dezimeter und der Dezitonne bekannt. Daraus kannst du ableiten, wie viele Deziliter ein Liter hat. Berechne außerdem, wie viele Milliliter ein Deziliter hat.*

Aufgabe 5: *Hast du vielleicht schon eine Vermutung, wie die Einheit für den Deziliter aussehen könnte?*

Deziliter

Abschließend sollst du noch ein weiteres Flüssigkeitenmaß kennenlernen und zwar den **Hektoliter**. Seine Einheit lautet **hl.**

Ein Hektorliter sind 100 l. **1 hl = 100 l**

Aufgabe 6: *Zeichne nun eine Tabelle, mit deren Hilfe sich die Flüssigkeitenmaße einfach umrechnen lassen. In den Spalten sollen alle dir bekannten Flüssigkeitsmaße enthalten sein.*

Tipp: Die Literspalte muss in zwei Bereiche und zwar in Einer und Zehner unterteilt werden.

KOHL VERLAG Keine Angst mehr vor Maßeinheiten • Klasse 3/4 – Bestell-Nr. 13 006

Arbeitsblatt 15 a

<u>Aufgabe</u>: *Rechne folgende Zahlen um.*

Tipp: Wenn es dir leichter fällt, kannst du die Tabelle als Hilfe benutzen

1. 312 ml in l
2. 2 dl in hl
3. 3,4 dl in l
4. 288 cl in hl
5. 45 l in hl
6. 23,678 hl in ml
7. 144 cl in l
8. 5,3 cl in ml
9. 17,8 cl in dl
10. 6,743 l in ml

hl	l		dl	cl	ml
	Z	E			

Vorlesetext 16

Mehr Pflanzen für das Aquarium

Nach dem die Mutter das Aquarium eine Weile betrachtet hatte, sagte sie: „So richtig gefällt es mir nicht, dass man durch die Rückscheibe das Tapetenmuster an der Zimmerwand sieht. Lässt sich da nicht irgendetwas verändern?" „Ja", antwortete der Vater," in der Kleintierabteilung des Baumarkts gibt es Folien mit aufgedruckten Unterwasserlandschaften. Man kann diese Folien von außen an die Rückseite des Aquariums kleben. „Sehr gut", freute sich die Mutter, „und wenn du mit den Kindern eine solche Folie holst, dann solltet ihr auch noch ein paar Wasserpflanzen mitbringen. Meines Erachtens ist das Aquarium nämlich recht spärlich bepflanzt." „Da hast du Recht, Kathrin", erwiderte der Vater, „ich bin auch der Meinung, dass unser Aquarium noch ein paar Pflanzen vertragen könnte. Ich habe gehört, dass man pro 125 Quadratzentimeter Bodenfläche etwa eine Pflanze in die Kiesschicht einsetzen sollte.

„Was sind Quadratzentimeter", wollte Flori sofort wissen. „Das erkläre ich dir gern", antwortete der Vater und auch Miri kam sofort herbei und spitzte die Ohren. Der Vater nahm ein Blatt Papier und einen Stift. Dann zeichnete er ein kleines Quadrat auf das Papier und erläuterte dabei.

1 cm ☐ 1 cm

„Bei einem Quadrat handelt es sich um eine Fläche. Die Seiten eines Quadrates sind alle gleichlang. Indem ich die Länge des Quadrates mit der Höhe multipliziere, erhalte ich die Größe der Fläche, die dieses Quadrat hat. Man spricht dabei vom Flächeninhalt. Für die Länge kann man auch einen Buchstaben einsetzen, beispielsweise ein a.

☐ 1 cm

a

KOHL VERLAG Keine Angst mehr vor Maßeinheiten • Klasse 3/4 – Bestell-Nr. 13 006

Vorlesetext 16

Mehr Pflanzen für das Aquarium

Weil die Höhe exakt das gleiche Maß hat, wie die Länge, kann ich dafür ebenfalls den Buchstaben a einsetzen.

a

Indem ich Länge (a) mit Höhe (a) multipliziere, erhalte ich den Flächeninhalt des Quadrates. Als allgemeine Formel kann ich dafür auch a • a schreiben.

a • a ergibt wiederum ein Ergebnis, das als a-Quadrat bezeichnet wird und folgendes Symbol hat a^2.

Nehmen wir weiter an, dass jede Seite unseres Quadrates 1 cm lang ist und setzen diese Werte in unsere allgemeine Formel

a • a ein.

1 cm • 1 cm

Im nächsten Schritt muss man sowohl die Zahlen als auch die Einheiten miteinander multiplizieren.

1 • 1 = 1 und

$cm \cdot cm = cm^2$,

diese Einheit lautet Quadratzentimeter.

Komplett sieht unsere Gleichung so aus:

$$1\ cm \cdot 1\ cm = 1\ cm^2.$$

Unser Quadrat hat also einen Flächeninhalt von $1\ cm^2$.

Wären die Seiten unseres Quadrates beispielsweise 3 cm lang gewesen, hätte die Gleichung so ausgesehen:

$$3\ cm \cdot 3\ cm = 9\ cm^2$$

Keine Angst mehr vor Maßeinheiten • Klasse 3/4 – Bestell-Nr. 13 006

Vorlesetext 16

Mehr Pflanzen für das Aquarium

Etwas anders sieht die Berechnung bei einem Rechteck aus, bei dem bekanntlich nur die gegenüberliegenden Seiten gleichlang sind. Es sind also die rechte und die linke Seite sowie die obere und die untere gleichlang.

Um eine allgemeine Berechnungsformel für den Flächeninhalt von Rechtecken aufzustellen, wählt man für eine der jeweils gleichlangen Seiten einen gemeinsamen Buchstaben. Das kann beispielsweise für die obere beziehungsweise die untere Seite der Buchstabe a und für die rechte beziehungsweise die linke Seite der Buchstabe b sein.

a

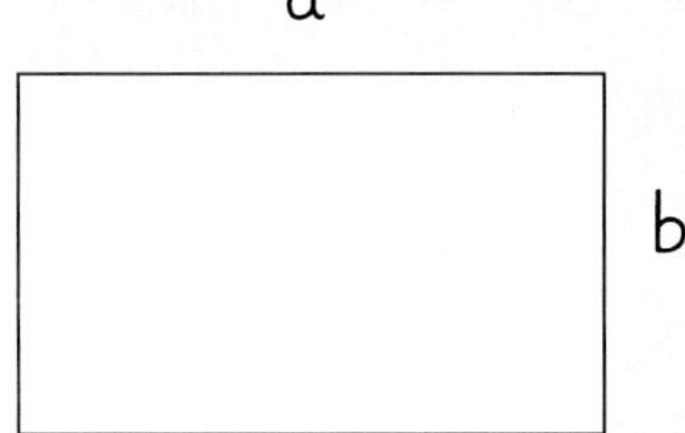

Obwohl das Rechteck kein Quadrat ist, wird dessen Flächeninhalt trotzdem in Quadratzentimetern angegeben. Das liegt unter anderem daran, dass man die Fläche eines Rechtsecks komplett mit gleichgroßen Quadraten ausfüllen kann.

a

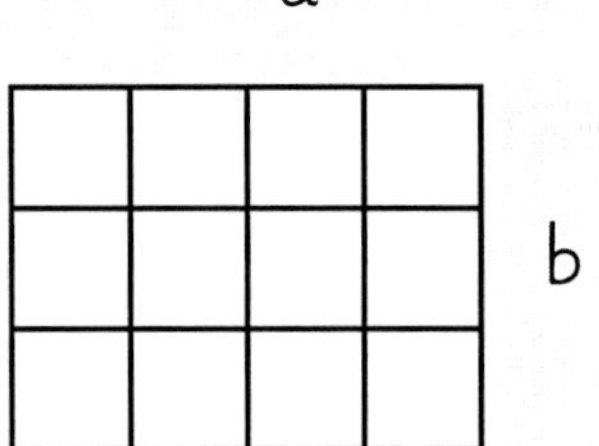

Vorlesetext 16

Mehr Pflanzen für das Aquarium

Indem ich die Länge der **oberen *beziehungsweise* unteren Seite (a)** mit der Höhe **der rechten *beziehungsweise* linken Seite (b) multipliziere, erhalte ich den Flächeninhalt des Rechtecks.** Als **allgemeine Formel** kann ich dafür auch **a • b** schreiben.

Nehmen wir weiter an, dass jede Seite a = 4 cm und jede Seite b = 3 cm lang ist und setzen diese Werte in unsere allgemeine Formel

a • b ein.

4 cm • 3 cm

Im nächsten Schritt muss man sowohl die Zahlen als auch die Einheiten miteinander multiplizieren.

4 • 3 = 12 und

cm • cm = **cm**^{2}

Komplett sieht unsere Gleichung so aus:

4 cm • 3 cm = 12 cm^2.

Unser Rechteck hat also einen Flächeninhalt von 12 **cm**^{2}.

KOHL VERLAG Keine Angst mehr vor Maßeinheiten • Klasse 3/4 – Bestell-Nr. 13 006

Arbeitsblatt 16

Aufgabe: *Das Aquarium der Familie Trommler hat, wie du weißt, eine rechteckige Bodenscheibe, die mit Kies bedeckt ist. Die Maße der Bodenscheibe sind 100 cm Länge und 50 cm Breite. Insgesamt befinden sich bereits 23 Wasserpflanzen in dem Aquarium.*

a) *Berechne die Bodenfläche des Aquariums.*

b) *Wie viele Pflanzen muss die Familie Trommler noch nachkaufen, damit pro 125 cm² Bodenfläche, eine Pflanze vorhanden ist?*

Vorlesetext 17

Eine erhöhte Kies-Terrasse

„Wäre es nicht schön, wenn wir beim Nachpflanzen die Kiesschicht in einem Bereich etwas auffüllen? Dann hätten wir eine Art Terrasse in unserem Aquarium. Diese Terrasse könnte in der hinteren linken Ecke beginnen und sich entlang der Rückscheibe über 25 cm erstrecken. Zur linken Ecke der Vorderscheibe würde sie spitz auslaufen. Schaut mal, ich habe dazu eine Skizze angefertigt."

„Wie viele Quadratzentimeter hätte diese Terrasse?", fragte Flori. „Das kann ich nicht sagen", erwiderte Miri, „ich weiß nicht, wie man den Flächeninhalt eines Dreiecks ausrechnet und diese Terrasse besitzt jedoch die Form eines Dreiecks."

„Da kann ich euch helfen", unterbrach der Vater das Gespräch. „Geht einmal davon aus, was euch schon bekannt ist und versucht das in cleverer Weise anzuwenden." Die beiden Kinder überlegten angestrengt. Schließlich rief Flori: „Ich habe eine Idee! Man könnte das Dreieck für die Terrasse zweimal zeichnen. Eins der beiden Dreiecke stellt man auf den Kopf."

KOHL VERLAG Keine Angst mehr vor Maßeinheiten • Klasse 3/4 – Bestell-Nr. 13 006

Vorlesetext 17

Eine erhöhte Kies-Terrasse

„Anschließend schiebt man die beiden Dreiecke zusammen und erhält ein Rechteck. Wie man dessen Flächeninhalt berechnet, wissen wir bereits. Diesen Flächeninhalt brauchen wir anschließend nur durch 2 zu dividieren und schon wissen wir, wie groß der Flächeninhalt eines Dreiecks ist."

„Da hast du prima nachgedacht", lobte der Vater, „das war alles richtig und besser hätte ich es auch nicht erklären können."

Arbeitsblatt 17

Aufgabe: *Du hast erfahren, dass Miri sich eine dreieckige Kiesterrasse wünscht, die in der hinteren linken Aquarienecke beginnt und sich entlang der Rückscheibe über 25 cm erstreckt.*
Zur linken Ecke der Vorderscheibe soll sie spitz auslaufen.
Die Breite des Aquariums, die 50 cm beträgt, ist dir ebenfalls schon bekannt. Berechne den Flächeninhalt den diese Kiesterrasse hätte.

Regel-Karte für Längen, Gewichte, Volumen und Flächen

1. Längen

Bezeichnungen:

1 Millimeter	=	**mm**
1 Zentimeter	=	**cm**
1 Dezimeter	=	**dm**
1 Meter	=	**m**
1 Kilometer	=	**km**

1 mm	•	10	=	10 mm	=	1 cm
1 cm	•	10	=	10 cm	=	1 dm
1 dm	•	10	=	10 dm	=	1 m
1 m	•	1000	=	1000 m	=	1 km

oder so …

1 cm	=	10 mm						
1 dm	=	10 cm	=	100 mm				
1 m	=	10 dm	=	100 cm	=	1000 mm		
1 km	=	1000 m	=	10.000 dm	=	100.000 cm	=	1.000.000 mm

oder so …

1 mm	=			0,1 cm	=	0,01 dm	=	0,001 m		
1 cm	=	10 mm	=	1 cm	=	0,1 dm	=	0,01 m		
1 dm	=	100 mm	=	10 cm	=	1 dm	=	0,1 m		
1 m	=	1000 mm	=	100 cm	=	10 dm	=	1 m	=	0,001km
1 km	=	1.000.000 mm	=	100.000 cm	=	10.00 dm	=	1000 m	=	1 km

oder so …

Umrechnungshilfe:

	• 1000		• 10		• 10		• 10	
km	⇄	**m**	⇄	**dm**	⇄	**cm**	⇄	**mm**
	: 1000		: 10		: 10		: 10	

KOHL VERLAG Keine Angst mehr vor Maßeinheiten • Klasse 3/4 – Bestell-Nr. 13 006

Regel-Karte für Längen, Gewichte, Volumen und Flächen

2. Gewichte

Bezeichnungen:

Milligramm	=	mg
Gramm	=	g
Zentner	=	z
Pfund	=	pf
Kilogramm	=	kg
Dezitonne	=	dt
Tonne	=	t

1 mg • 1000 = 1000 mg = 1 g
1 g • 1000 = 1000 g
1 kg • 1000 = 1000 kg = 1 t
1 pf = 1/2 kg daher 1000 : 2 = 500 g = 1 pf
1 t = 1000 kg
1 dt = 100 kg = 0,1 t

oder so ...

1 Milligramm	=	1	mg	=	0,001	g					
1 Gramm	=	1	g	=	1000	mg	= 1 g	=	0,001 kg	=	0,000.001 t
1 Zentner	=	1	z	=	50	kg		=	50.000 g		
1 Pfund	=	1	pf	=	500	g		=	(1 halbes Kilogramm)		
1 Kilogramm	=	1	kg	=	1000	g		=	0,001 t		
1 Dezitonne	=	1	dt	=	100.000	g		=	100 kg	=	0,1 t
1 Tonne	=	1	t	=	1.000.000	g		=	1000 kg	=	1 t

oder so ...

Umrechnungshilfe:

mg → (• 1000) → g → (• 1000) → kg → (• 1000) → t

t → (: 1000) → kg → (: 1000) → g → (: 1000) → mg

KOHL VERLAG Keine Angst mehr vor Maßeinheiten • Klasse 3/4 – Bestell-Nr. 13 006

Regel-Karte für Längen, Gewichte, Volumen und Flächen

3. Kubik/Volumen

Bezeichnungen:

Hektoliter = **hl** (1 Hektoliter)
Liter = **l** (1 Liter)
Deziliter = **dl** (1 zehntel Liter)
Zentiliter = **cl** (1 hundertstel Liter)
Milliliter = **ml** (1 tausendstel Liter)

Umrechnungshilfe:

	• 10		• 10		• 10		• 100	
ml	⇄	**cl**	⇄	**dl**	⇄	**l**	⇄	**hl**
	: 10		: 10		: 10		: 100	

cm • cm • cm = cm^3
dm • dm • dm = dm^3 = 1 l = 1000 cm^3
1 l Wasser = 1000 g
1 hl = 100 l = 100 dm^3
1 l = 1000 ml = 1 dm^3
1 dl = 100 ml = 0,1 l = 0,1 dm^3
1 ml = 0,001 l = 0,001 dm^3
1 cl = 0,01 l = 0,01 dm^3

Umrechnungshilfe:

	• 1000		• 1000		• 1000	
m^3	⇄	**dm^3**	⇄	**cm^3**	⇄	**mm^3**
	: 1000		: 1000		: 1000	

KOHL VERLAG Keine Angst mehr vor Maßeinheiten • Klasse 3/4 – Bestell-Nr. 13 006

Regel-Karte für Längen, Gewichte, Volumen und Flächen

4. Flächen

Bezeichnungen:

Quadratmillimeter **mm^2**
Quadratzentimeter **cm^2**
Quadratdezimeter **dm^2**
Quadratmeter **m^2**
Quadratkilometer **km^2**

Umrechnungshilfe:

	• 1000000		• 100		• 100		• 100	
km^2	↻	**m^2**	↻	**dm^2**	↻	**cm^2**	↻	**mm^2**
	: 1000000		: 100		: 100		: 100	

Quadratmillimeter **mm^2** : 1 mm^2 = 0,01 cm^2
Quadratzentimeter **cm^2** : 1 cm^2 = 100 mm^2
Quadratdezimeter **dm^2** : 1 dm^2 = 100 cm^2 = 10.000 mm^2
Quadratmeter **m^2** : 1 m^2 = 100 dm^2 = 10.000 cm^2
Quadratkilometer **km^2** : 1 km^2 = 100 ha (Hektar) = 1000 m x 1000 m

oder so …

1 km^2 = 100 ha (Hektar)
1 m^2 = 100 dm^2 = 10.000 cm^2 = 1.000.000 mm^2
1 dm^2 = 100 cm^2 = 10.000 mm^2
1 cm^2 = = 100 mm^2
1 mm^2 = 0,01 cm^2

KOHL VERLAG Keine Angst mehr vor Maßeinheiten • Klasse 3/4 – Bestell-Nr. 13 006

Lösungen

Arbeitsblatt 1 (S. 6)

Aufgabe 1: **c** ~~e n t u~~ **m** Die Einheit für Zentimeter lautet also cm.

Aufgabe 2: **m** ~~e t r o n~~ Die Einheit für Meter lautet also m.

Arbeitsblatt 2 (S. 7)

Aufgabe 1: 1 m = 100 cm

138 cm – 100 cm = 38 cm.

Das Aquarium passt daher auf das Sideboard.
Das Sideboard ist 38 cm länger als das Aquarium.

Aufgabe 2: 63 cm – 50 cm = 13 cm.

Das Aquarium passt auch in der Breite gut auf das Sideboard.
Dieses ist 13 cm breiter als das Aquarium.

Aufgabe 3: Wir wissen bereits, dass das Sideboard 38 cm länger ist als das Aquarium.
38 cm : 2 = 19 cm.

Wenn das Aquarium in die Mitte des Sideboards gestellt wird, bleiben sowohl rechts als auch links 19 cm frei.

Arbeitsblatt 3 (S. 8)

Aufgabe 1: 10 Striche.

Zwischen den Zentimeterangaben 12 und 13 sind also 10 Millimeterstriche vorhanden. Das verhält sich zwischen zwei aufeinander folgenden Zentimeterangaben, beispielsweise zwischen 23 und 24 oder 76 und 77, ebenso.
Damit weißt du, dass 10 Millimeter 1 Zentimeter sind.

Aufgabe 2: 10 • 100 = 1000 Millimeter

1 m besteht also aus **1000 Millimetern.**

In Millimeter steckt ein Teil des lateinischen Wortes mille, das eintausend bedeutet.
Ein Millimeter ist also der tausendste Teil eines Meters.

Damit wir hinter einer Zahl nicht immer das Wort Millimeter schreiben müssen, gibt es dafür eine **Einheit.**

Aufgabe 3: **M** ~~i l l i~~ **m** ~~e t e r~~ Die Einheit für Millimeter lautet also **mm.**

Arbeitsblatt 4 (S. 9)

Aufgabe 1: **D** ~~e z i~~ **m** ~~e t e r~~ Die Einheit für Dezimeter lautet also dm.

Aufgabe 2: 1000 mm : 10 = 100
(Anzahl der Dezimeter, die in einem Meter vorhanden sind)

Ein Dezimeter besteht also aus 100 mm.

Lösungen

Arbeitsblatt 4 (S. 9)

Aufgabe 3: 4 • 100 mm = 400 mm.

Arbeitsblatt 5 (S. 13)

Aufgabe:

m	dm	cm	mm
	7	0	
5	0	0	0
2	2	2	0

70 cm = 7 dm

5000 mm = 5 m

2220 mm = 222 cm

Arbeitsblatt 6 (S. 19/20)

Aufgabe 1:

m	dm	cm	mm
	3	4	0
2	0	0	0
	1	7	0
2	4	5	6
		5	0
3	7	0	0
	1	0	0
			4
1 (gemerkt)	2 (gemerkt)	1 (gemerkt)	
8	8	2	0

Das Ergebnis beträgt **8820 mm**.

Aufgabe 2:

m	dm	cm	mm
2	1	1	
		3	0
1	9	0	
3	0	0	
	9	8	
		1	0
2 (gemerkt)	1 (gemerkt)		
8	0	3	

Das Ergebnis beträgt **803 cm**.

Lösungen

Arbeitsblatt 7 (S. 26/27)

Aufgabe 1:

m	dm	cm	mm
9	0	0	0
6	5	0	0
		1	1
	8	8	0
2 (war geborgt)	1 (war geborgt)	1 (war geborgt)	
1	6	0	9

Das Ergebnis beträgt **1609 mm**.

Arbeitsblatt 7 (S. 26/27)

Aufgabe 2:

m	dm	cm	mm
7	0	0	0
4	3	5	0
1	1	0	0
1	0	9	0
1 (war geborgt)	2 (war geborgt)		
0	4	6	

Das Ergebnis lautet **46 cm.** Beachte, die Null, die vor der 46 steht, findet keine Berücksichtigung, weil sie keinen Zählwert hat.

Arbeitsblatt 8a (S. 29)

Aufgabe 1: **K ~~ilo~~ m** e t e r Die Einheit für Kilometer lautet also **km**.

Lösungen

Aufgabe 2:

km	m			dm	cm	mm
	H	Z	E			
1	8	9	3	4	7	9
27	8	1	1	3	5	6

Arbeitsblatt 8b (S. 30)

Aufgabe 1:

1. 27 • 1000 = 27.000 m (weil 1 km 1000 m umfasst, muss im 1. Schritt mit dieser Zahl multipliziert werden: 1 km = 1000 m)

2. 27.000 • 1000 = 27.000.000 mm (weil ein 1m 1000 mm umfasst muss im 2. Schritt erneut mit 1000 multipliziert werden: 1 m = 1000 mmm)

3. 1000 • 1000 = 1.000.000 Daraus ergibt sich, dass 1 km eine Million Millimeter umfasst: 1 km = 1.000.000 mm

Antwort: Daher muss 27 km mit 1.000.000 multiplizietrt werden.

Arbeitsblatt 9 (S. 35)

Aufgabe 1:

km	m			dm	cm	mm
	H	Z	E			
		2	8	5	0	
			1	0	0	

Zu beachten war, dass der Umrechnungsfaktor 100 war und dadurch das Komma nur um **zwei** und nicht um drei Stellen nach rechts verschoben wurde.

28,5 • 100 = 2850 cm. Also sind 28,5 m 2850 cm.

Aufgabe 2: Schmetterlingsbuntbarsch

5,3 cm • 10 = 530 mm. (Faktor 10 für die Umrechnung in mm)

Segelflosser

1,67 dm • 10 = 16,7 cm. (Faktor 10 für die Umrechnung für in cm)

1,67 • 100 = 167 mm. (Faktor 100 für die Umrechnung in mm)

Lösungen

Arbeitsblatt 10 (S. 38)

Aufgabe:

km	m			dm	cm	mm
	H	Z	E			
			1	8	0	
				3	0	0
4	3	7	8	0		
0	0	0	0	8	0	0
			0	4	4	1
			1	6	0	
0	0	0	1	6		
					8	3
		2	9	1		
0	2	4	4	5	7	

1.	180 cm in m	=	1,8 m	6.	16 dm	= 160 cm
2.	0,3 m in m	=	300 mm	7.	16 dm	= 0,0016 km
3.	4,378 km in dm	=	43780 dm	8.	8,3 cm	= 83 mm
4.	800 mm in km	=	0,0008 km	9.	291 dm	= 29, 1 m
5.	44,1 cm in m	=	0,441 m	10.	24.457 cm	= 0,24457 km

Arbeitsblatt 11a (S. 40/41)

Aufgabe 1: **G** ~~r a m m~~ Die Einheit für Gramm lautet also **g.**

Aufgabe 2: Kilo bedeutet tausend. Also sind ein Kilogramm 1000 g.

Aufgabe 3: **K** ~~i l o g r a m m~~, also **kg.**

Aufgabe 4: **T** ~~o n n e~~, also **t.**

Aufgabe 5: **Dezi** ist von dem lateinischen **decem = 10** abgeleitet. Wenn ein Dezimeter der zehnte Teil eines Meters ist, handelt es sich also bei der Dezitonne um den zehnten Teil einer Tonne.

Eine Tonne wiegt 1000 kg. Teilt man diese durch 10 erhält man 100 kg.

Eine Dezitonne wiegt also 100 kg.

Lösungen

Arbeitsblatt 11a (S. 40/41)

<u>Aufgabe 6</u>: **D ~~ez~~ i t ~~onne~~** die Einheit für Dezitonne lautet also **dt.**

<u>Aufgabe 7</u>: 1 Pfund: 1kg = 1000 g : 2 = 500 g. Ein Pfund wiegt 500 g.

1 Zentner: 1dt = 100 kg : 2 = 50 kg. Ein Zentner wiegt 50 kg.

Arbeitsblatt 11b (S. 42)

<u>Aufgabe 1</u>:

Vorderscheibe 2500 g = 2,5 kg

Rückscheibe 2500 g = 2,5 kg

Bodenscheibe wiegt 3700 g = 3,7 kg

Jede Seitenscheibe 2 pf (Pfund) = 500 g . 2 • 2 Scheiben = 2000 g = 2 kg.

2,5 + 2,5 + 3,7 + 2 = 10,7 kg.

Das Aquarium wiegt 10,7 kg.

<u>Aufgabe 2</u>:

1 z = 50 kg

50 kg : 2 = 25 kg

25 kg (Gewicht von einem Sack) • 3 = 75 kg

1 kg = 2 pf

75 • 2 = 150 pf.

Der Kies wiegt 150 pf.

Arbeitsblatt 12 (S. 47)

<u>Aufgabe</u>:

t	dt	kg		g		
	E/H	Z	E	H	Z	E
			0	1	6	5
	4	0	0	0	0	0
	0	0	0	3	4	5
0	0	0	0	5	1	1
17	5	8	3	0	0	0
	0	4	4			
0	1	9				
0	3					
0	0	0	1	7	8	
	0	0	0	8		

Lösungen

Arbeitsblatt 12 (S. 47)

1.	165 g	in kg	=	0,165 kg
2.	4 dt	in g	=	400.000 g
3.	345 g	in dt	=	0,00345 dt
4.	511 g	in t	=	0,000511 t
5.	17,583 t	in g	=	17.583.000 g
6.	44 kg	in dt	=	0,44 dt
7.	1,9 dt	in t	=	0,19 t
8.	3 dt	in t	=	0,3 t
9.	1,78 kg	in t	=	0,00187 t
10.	0,8 kg	in dt	=	0,008 dt

Arbeitsblatt 13 (S. 49/50)

<u>Aufgabe 1</u>: 1 m = 100 cm

100 cm • 50 cm • 45 cm = 225.000 cm^3

oder in 2 Teilschritten:

100 cm • 50 cm = 5000 cm^2

5000 cm • 45 cm = 225.000 cm^3 = 225 dm^3 = 225 l

weil 1 l = 1 dm^3 = 1000 cm^3 / 1 l Wasser = 1000 g (nur Wasser)

<u>Aufgabe 2</u>: 225.000 : 1000 = 225 Liter. In das Aquarium passen also 225 Liter Wasser.

225 Liter • 1 = 225 kg.

<u>Aufgabe 3</u>: 10,7 kg + 75 kg + 225 kg = 310,7 kg.

Das befüllte Aquarium wiegt 310,7 kg.

Arbeitsblatt 14 (S. 52)

<u>Aufgabe 1</u>: 225 Liter : 2 = 112, 5 l

Die 0,5 l können wir vernachlässigen, so dass jedes der beiden Kinder für die Anzahl von Fischen mit 112 l rechnen darf.

<u>Aufgabe 2</u> : 5 • 2 Liter = 10 Liter

112 Liter : 10 Liter = 11 (Rest 2) Trauermantelsalmler

Da es logischerweise nur ganze Trauermantelsalmler gibt, vernachlässigen wir den Rest 2. Miri kann also 11 Trauermantelsalmler kaufen.

<u>Aufgabe 3</u> : 6 • 2 Liter = 12 Liter

112 Liter : 12 Liter = 9 (Rest 4) Panzerwelse

Da es logischerweise nur ganze Panzerwelse gibt, vernachlässigen wir den Rest 4. Flori kann also 9 Panzerwelse kaufen.

Lösungen

Arbeitsblatt 15 (S. 53/54)

<u>Aufgabe 1</u>: 1 l = 1000 Milliliter

<u>Aufgabe 2</u>: **M** ~~illi~~ **l** ~~iter~~ Die Einheit für Milliliter ist also **ml.**

<u>Aufgabe 3</u>: Der Zentiliter ist der hundertste Teil eines Liters

1 l : 100 = 1 Zentiliter.

1 l = 1000 Milliliter. (1000 : 100 = 10 ml)

10 ml = 10 Zentiliter.

Die Einheit des **Z** ~~enti~~ **l** ~~iters~~ (= **zl**) ist **cl**, da aus dem **z** ein **c** wird.

<u>Aufgabe 4</u>: **Dezi** bedeutet der **zehnte Teil** von etwas. Somit ist der Deziliter der zehnte Teil eines Liters.

1 l = 1000 ml 1000 ml : 10 (zehnter Teil) = 100 ml

Ein **Deziliter** sind als 100 **ml.**

<u>Aufgabe 5</u>: Bis auf das D und das l werden alle anderen Buchstaben durchgestrichen.

D ~~ezi~~ **l** ~~iter~~ Allerdings wird diese Einheit wieder klein geschrieben also **dl.**

<u>Aufgabe 6</u>:

hl	l		dl	cl	ml
	Z	E			

Arbeitsblatt 15a (S. 55)

<u>Aufgabe</u>:

hl	l		dl	cl	ml
	Z	E			
		0	3	1	2
0	0	0	2		
		0	3	4	
0	0	2	8	8	
0	4	5			
23	6	7	8	0	0
		1	4	4	
				5	3
			1	7	8
		6	7	4	3

Lösungen

Arbeitsblatt 15a (S. 55)

1.	312 ml	in l	=	0,312 l
2.	2 dl	in hl	=	0,002 hl
3.	3,4 dl	in l	=	0,34 l
4.	288 cl	in hl	=	0,0288 hl
5.	45 l	in hl	=	0,45 hl
6.	23,678 hl	in ml	=	2.367.800 ml
7.	144 cl	in l	=	1,44 l
8.	5,3 cl	in ml	=	53 ml
9.	17,8 cl	in dl	=	1,78 dl
10.	6,743 l	in ml	=	6743 ml

Arbeitsblatt 16 (S. 60)

Aufgabe: a) 100 cm • 50 cm = 5000 cm^2.

Die Bodenfläche des Aquariums hat also einen Flächeninhalt von 5000 cm^2.

b) 5000 cm^2 : 125 cm^2 (die pro Pflanze zur Verfügung stehen sollten)

= 40 Wasserpflanzen.

5000 cm^2 : 125 cm^2 = 40 ~~cm~~ ²

Insgesamt könnte das Aquarium mit 40 Wasserpflanzen bestückt werden.
Es befinden sich bereits 23 Wasserpflanzen in dem Aquarium, also 40 – 23 = 17
Die Familie Trommler müsste somit 17 Pflanzen nachkaufen.

Arbeitsblatt 17 (S. 63)

Aufgabe: Zunächst wird die allgemeine Formel zur Berechnung eines Rechteckes verwendet, also:

a • b   für a setzen wir 25 cm ein und für b = 50 cm

25 cm • 50 cm = 1250 cm^2

Da das Rechteck aus zwei Terrassendreiecken zusammengesetzt wurde, müssen die ermittelten 1250 cm^2 noch durch 2 dividiert werden.

1250 cm^2 : 2 = 625 cm^2

Der Flächeninhalt des Terrassendreiecks würde somit **625 cm^2** betragen.

KOHL VERLAG Keine Angst mehr vor Maßeinheiten • Klasse 3/4 – Bestell-Nr. 13 006